365 GEDANKEN
ZU FRIEDEN UND HOFFNUNG

WHITE STAR VERLAG

365 GEDANKEN
ZU FRIEDEN UND HOFFNUNG

INHALT

FRIEDEN

Worte bilden einen kontinuierlichen Fluss aus Lauten und Zeichen und sind in unserem Leben immer präsent. Das gilt gleichermaßen für Individuen, Gruppen, größere Gemeinschaften und die Menschheit im Ganzen. Versucht man, sich eine Welt ohne Worte vorzustellen, so wäre diese ohne Kommunikation und geprägt von Isolation und Verzweiflung.

Worte tauchen zuerst im Geist auf und fließen dann von den Lippen oder von der Hand über den Schreibstift – heute vielleicht eher über die Tastatur von Computer oder Mobiltelefon – zu anderen. Sie versetzen uns so in die Lage zu kommunizieren. Auf diese Weise können wir Gefühle zum Ausdruck bringen, zwischenmenschliche Beziehungen pflegen, Vorstellungen beschreiben und persönliche Prinzipien verteidigen. Manchmal singen wir unsere Botschaft in Form unseres Lieblingssongs.

Wenn man sich die Sache genauer anschaut, dann erkennt man, dass Worte eigentlich neutral sind. Ihre Wirkung beruht auf der Intention des Sprechenden. Worte sind nicht per se richtig oder falsch, und sie sind auch nicht unbedingt Ausdruck gründlicher Analyse oder ausgereifter Reflexion. Es kommt vor, dass Worte falsch eingesetzt werden und ein Einzelner oder eine Gruppe durch Missverständnisse in eine Sackgasse gerät. Im schlimmsten Fall sind Worte eine gefährliche Waffe und können eine Ermutigung zum Krieg oder gar ein Auslöser dazu sein. Ein Wort kann, je nachdem, wie es eingesetzt wird, Handlungen nach sich ziehen, die für die ganze Welt gute oder böse Konsequenzen haben können.

Genau das ist der Grund, warum es heute mehr denn je wichtig ist, sich inhaltlich mit berühmten Formulierungen, Aussagen oder Worten zu befassen – also mit dem, was berühmte Menschen in historisch bedeutsamen Situationen gesagt haben. Solche Botschaften sind von universeller Bedeutung und werden von allen verstanden, un-

SCHAFFEN

abhängig von geografischem, ethnischem oder kulturellem Kontext. Es ist, als ob man ein Licht entzündet und bewahrt, damit alle es sehen können. Berühmte Zitate sind voll von positiven Aussagen und finden in der kollektiven Vorstellungswelt eine starke Resonanz. Sie können in ethischer Hinsicht – sowohl abstrakt als auch konkret – hilfreiche Bezugspunkte für eine Menschheit sein, welche durch unkontrollierbare Geschehnisse, die weltweit Anlass zur Sorge geben, verunsichert und ohne Orientierung ist. In sehr schwierigen Augenblicken, wenn der Blick auf das Leben zu verschwimmen scheint, bieten Worte all denen einen sicheren Hafen, die ihren Weg aus den Augen verloren haben und sich der Zukunft nicht zu stellen vermögen. Strahlende Worte der Weisheit, kluge vorausschauende Worte, welche die Zeiten bis zu unseren Tagen überdauert haben, sind dazu bestimmt, auf unbestimmte Zeit weiter zu leuchten.

Große Denker, die den Fortschritt vorangebracht haben, ganz herausragende Charaktere, deren Werke und Taten dem Wohl der ganzen Welt dienten, Philosophen und Menschen von religiöser Bedeutung haben uns stets dazu ermutigt, Harmonie, Solidarität und Zusammenhalt zwischen den Völkern zu pflegen. Sie repräsentieren die zeitlose Basis der Humanität überall auf der Welt. Die Reden von Künstlern und aufgeklärten Staatsoberhäuptern, die Aphorismen großartiger Menschen der Geschichte, die Worte von Philosophen, von Frauen und Männer tiefen Glaubens, von Schriftstellern und Dichtern und auch von Friedensaktivisten können eine Inspiration sein, eine Quelle wahren Vertrauens, die uns zum Nachdenken bewegt und uns hilft, ein Bewusstsein für die Einheit der Menschheit zu entwickeln.

Wenn also Worte von wohlwollenden Absichten und von Respekt füreinander getragen sind, veranlassen sie einzelne Personen dazu, den Samen der Harmonie zu pflan-

zen, der heranwächst und sich in ihrem alltäglichen Leben ausbreitet. In solchen Worten liegt die Kraft, Informationen weiterzugeben, die das Schicksal der Welt beeinflussen können. Sie helfen Menschen, in ausgewogener Art und Weise mit den Realitäten des Lebens umzugehen. Genauer gesagt sind solche Worte der beste Weg, um genau das Gefühl zu nähren, das Menschen in die Lage versetzt, sich Problemen zu stellen und dunkelste Zeiten zu überdauern: Hoffnung. Eben diese Hoffnung ist es, die Menschen in den extremsten und dramatischsten Situationen hilft, sich mit dem Leben auszusöhnen und sich mit Optimismus der Zukunft zuzuwenden.

In einer Zeit großer Gegensätze und Unsicherheiten, wie wir sie gegenwärtig erleben, ist die größte Hoffnung, die wir alle miteinander teilen, die Hoffnung auf Frieden. Die Sehnsucht nach Frieden wird jeden Tag stärker, und wenn eine stabile globale Lage erreicht werden soll, dann bedarf es fortgesetzter persönlicher und gemeinschaftlicher Anstrengungen. Seit der Antike ist die Sehnsucht nach Frieden, dieses Naturrecht des Menschen und sein spontanes Sehnen, das höchste Ideal. Sie ist Gegenstand höchsten Interesses von Künstlern, Philosophen und – natürlich – von Herrschern und Politikern aller Kulturen.

Im Lauf der Jahrhunderte hat das Streben nach Frieden Strömungen der Unterdrückung und der Gewalt entgegengewirkt, die darauf ausgelegt waren, das Gleichgewicht zwischen Individuum und Staat zu zerstören. Viele haben Worte eingesetzt, um Frieden zu erreichen, zu erhalten und zu verteidigen, um Kultur zu verbreiten und die Schatten zerstörerischer Konflike zu zersträuen. Von Gandhi, diesem außerordentlichen Idealisten der Gewaltlosigkeit, bis zu Martin Luther King, der Symbolfigur des Kampfes gegen die Rassentrennung, von John Fitzgerald Kennedy, dem unvergesslichen 35. Präsidenten der Vereinigten Staaten, bis zu Nelson Mande-

la, einem der bewundernswertesten Beispiele für den Kampf gegen Rassismus, haben sich zahlreiche berühmte Persönlichkeiten für Frieden und Toleranz im Umgang miteinander ausgesprochen, um den Einzelnen und die ganze Menschheit in jedem Winkel der Erde zu schützen. Selbstverständlich ist es auch ihren Worten zu verdanken, dass die Menschheit immer wieder bedrückende Zeiten überwinden konnte und sich von Situationen erholte, die sie auf die Probe gestellt haben. Es geht um den Weltfrieden, aber auch und vielleicht sogar in erster Linie um den Frieden, der sich durch kleine Gesten ausdrückt, der sich in den kleinen Dingen findet, in Ereignissen, die jedem von uns im Alltag Sorgen bereiten. Diese mikroskopisch kleinen Aspekte der Grundbedingung menschlichen Lebens mögen vielleicht als unbedeutend eingeordnet werden, aber tatsächlich sind sie die unentbehrliche Basis eines Gleichgewichts bis hin zur globalen Ebene.

Es gibt Ereignisse, welche die ganze Welt ins Grübeln brachten und die oft dazu beigetragen haben, dass Feindseligkeiten eingedämmt wurden, dass eine direkt Konfrontation vermieden wurde und vor allem, dass eine Friedenskultur verbreitet wurde: Anti-Kriegs-Märsche, die jährliche Verleihung des Friedensnobelpreises, die Feier des Weltfriedenstags, der 1967 von Papst Paul VI. eingeführt wurde, und der unvergessliche Augenblick, in dem ein Aufständischer sich 1989 auf dem Platz des Himmlischen Friedens den Panzern entgegenstellte, gehören zweifellos dazu. Hinzu kommt, dass viele große Denker ein geistiges Erbe weitergegeben haben, das von unschätzbarem Wert ist. Dies geschah durch ihre Worte, die sich unauslöschlich in die Geschichte eingeschrieben haben und die als strahlendes Licht den Pfad der Menschlichkeit erleuchten bis in Ewigkeit.

Gabriele Atripaldi

1.

Januar

Es ist an der Zeit, mit unserem
Planeten Frieden zu schließen.

– Al Gore

JANUAR

2.

Januar

Ein Akt der Freundlichkeit ist niemals vergebene Mühe, sei er noch so klein.

– *Aesop*

3.

Januar

Keine Nacht und kein Problem
können den neuen Morgen und die Hoffnung besiegen.

– Bernard Arthur Owen Williams

4.

Januar

Der Mensch kann frei sein,
wenn es ihm selbst gelingt.

– Voltaire

5.

Januar

Alles, was du denkst, sei Friede, lebe Frieden, und atme Frieden, dann bekommst du ihn so schnell du willst.

– John Lennon

6.

Januar

Es gibt nur ein Geheimrezept für Kindererziehung,
und das besteht darin, ihnen sehr viel Liebe zu geben.

– Grace Kelly

7.

Januar

Ich lebe von der Hoffnung, und ich denke,
das tun alle, die in diese Welt geboren werden.

– Robert Seymour Bridges

8.

Januar

Freundschaft ist eine Seele
in zwei Körpern.

– *Aristoteles*

9.

Januar

Das Einzige, wovor wir Angst haben müssen,
ist die Angst selbst.

– Franklin Delano Roosevelt

10.
Januar

Ich erträume mir eine Welt,
wo alle um die süße Freiheit wissen.

– Langston Hughes

11.
Januar

Innerer Friede ist die letztendliche Quelle
von Glück und Freude.

– XIV. Dalai Lama

12.

Januar

Liebe ist ein Wort des Lichts,
geschrieben von einer Hand des Lichts auf eine Seite des Lichts.

– Khalil Gibran

13.

Januar

Wahre Engel sind solche Menschen, die in bestimmten Momenten ganz unerwartet erscheinen, um Licht in unser Leben zu bringen.

– *Banana Yoshimoto*

14.

Januar

Beginne damit, das Nötige zu tun,
tu dann das Mögliche,
und schon bist du dabei,
das Unmögliche zu tun.

– Franz von Assisi

15.

Januar

Wenn es gleich wahr ist, wird man sagen, dass Gott in die Kräfte der Natur eine geheime Kunst gelegt hat, sich aus dem Chaos von selber zu einer vollkommenen Weltverfassung auszubilden …

– Immanuel Kant

16.

Januar

Mauern haben einen Sinn.
Sie geben uns Gelegenheit zu zeigen,
wie sehr wir etwas wollen.

– Randy Pausch

17.

Januar

Kann uns Entfernung wirklich von
Freunden trennen ...
Wenn du wirklich mit jemandem
zusammen sein willst,
bist du dann nicht schon dort?

– Richard Bach

18.

Januar

Du freier Mensch,
du wirst immer das Meer lieben!

– Charles Baudelaire

19.

Januar

Wo kein Meer fließt, treiben die
Wasser des Herzens ihre Gezeiten.

– Dylan Thomas

20.

Januar

Manchmal wird es dunkel, aber der Morgen kommt. (...)
Gib nicht auf!

– Jesse Louis Jackson

21.
Januar

Wenn Gott dein Vater ist,
ist der Mensch dein Bruder.

– Alphonse de Lamartine

22.
Januar

Mit tiefer Freude, mit tiefem Ernst
blickte er ihm nach,
sah seine Schritte voll Frieden,
sah sein Haupt voll Glanz,
sah seine Gestalt voll Licht.

– Hermann Hesse

23.

Januar

… nur wer es wagt, kann fliegen.

– Luis Sepúlveda

24.

Januar

Dass du in einem Entengehege geboren bist, spielt keine Rolle, solange du aus einem Schwanenei geschlüpft bist.

– Hans Christian Andersen

25.

Januar

Diese Welt ist nicht das Paradies,
aber es gibt hier
ein paar Fragmente davon.

– Anonym

26.

Januar

Liebst du das Leben?
Dann vergeude keine Zeit,
denn das ist der Stoff,
aus dem das Leben besteht.

– Benjamin Franklin

27.

Januar

Bewerte niemals die Höhe eines Berges,
bevor du den Gipfel erreicht hast.
Erst dann erkennst du,
wie niedrig er ist.

– Dag Hammarskjöld

28.

Januar

Denke an all das Schöne,
das noch in dir und um dich ist,
und sei glücklich!

– Anne Frank

29.

Januar

… das Licht blendet nicht mehr,
es zerstreut sich selbst überall hin,
erneuernd, Friede …

– Walt Whitman

30.

Januar

Für mich stehen Träume
über allem anderen.
Die Wirklichkeit ist häufig
ein Traum.

– Walter Bonatti

31.

Januar

Dein Herz ist wie eine Möwe, die hoch
in den Himmel des Lebens fliegt.
Lass es los ohne Angst,
es weiß, wie es dich zum Glück führt.

– Sergio Bambarén

1.

Februar

Wo Blumen blühen,
blüht die Hoffnung.

– Claudia Alta „Lady Bird“ Taylor Johnson

FEBRUAR

2.

Februar

Tu, was du kannst, mit dem, was du hast, wo auch immer du bist.

– Theodore Roosevelt

3.

Februar

Ein jeder sieht
was er im Herzen trägt.

– Johann Wolfgang von Goethe

4.

Februar

Wir sind alle Lichtquellen.
Wenn Glückseligkeit im Inneren
wächst, ist das wie ein Licht;
es wirkt auf die Umgebung.

– David Lynch

5.

Februar

Das Wort ist das Licht der
Menschlichkeit, und das Licht
ist das Wort der Natur ...

– Giovanni Battista Niccolini

6.
Februar

Freiheit im Sinne von Unabhängigkeit
ist ohne Bedeutung.
Vollendete Freiheit liegt
in der Harmonie von Beziehungen,
die wir nicht durch Kenntnisse,
sondern durch das Sein erkennen.

– Rabindranath Tagore

7.
Februar

Friede und Freiheit sind untrennbar,
denn niemand kann in Frieden
leben, wenn er keine Freiheit besitzt.

– Malcolm X

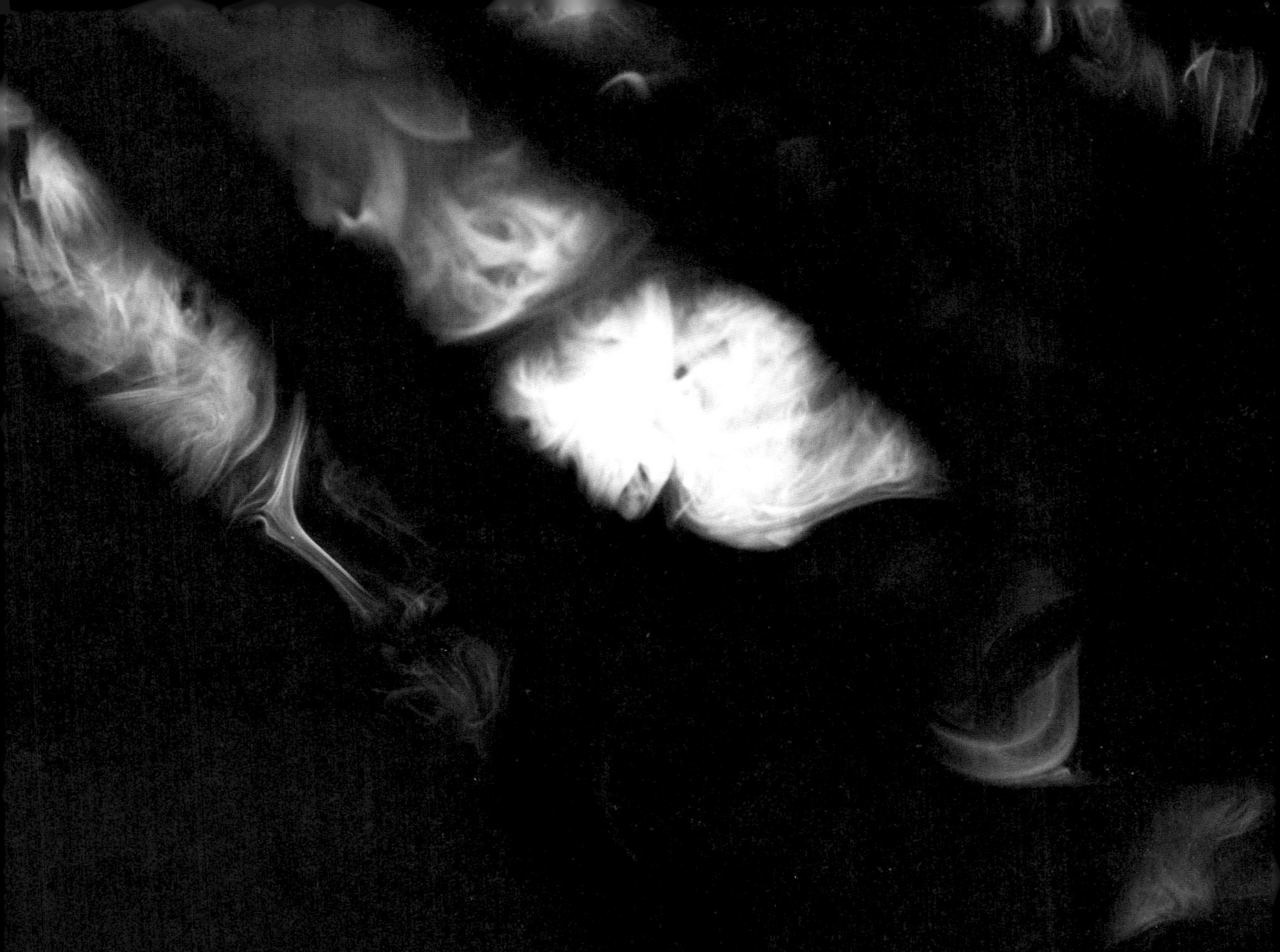

8.

Februar

Unser Lächeln ist Bestätigung für unser Bewusstsein
und unsere Entschlossenheit, in Frieden
und mit Freude zu leben.

– *Thich Nhat Hanh*

9.

Februar

Grenzen gibt es nur in der Seele
derer, die wenig Träume haben.

– Philippe Petit

10.

Februar

Alle Fantasien sollten eine solide
Grundlage in der Realität haben.

– Max Beerbohm

11.

Februar

Man muss Träume haben und darum kämpfen, dass sie wahr werden.

– *Francesco Alberoni*

12.

Februar

Da du ohnehin immerzu denkst, denke in großem Maßstab.

– Donald Trump

13.

Februar

… die Freiheit leiht uns ihre Flügel,
und die Hoffnung führt uns mit ihrem Stern.

– Charlotte Brontë

14.

Februar

Zu sein, wer du bist,
ist ein Lebensprivileg.

– Joseph Campbell

15.

Februar

Ein einziger dankbarer Gedanke
gen Himmel
ist das vollkommenste Gebet!

– *Gotthold Ephraim Lessing*

16.

Februar

Hab keine Angst. Die Dunkelheit ist niemals ganz so dunkel, wie wir sie uns vorstellen.

– John Osborne

17.

Februar

… die Tatsache, dass jeder auf der Welt jede Nacht träumt, hält die Menschheit zusammen.

– Jack Kerouac

18.

Februar

Es gibt in der Welt einen einzigen Weg, auf welchem niemand gehen kann außer dir: Wohin er führt? Frage nicht, gehe ihn.

– *Friedrich Wilhelm Nietzsche*

19.

Februar

Nein, nein, wir sind nicht zufrieden, und wir werden uns nicht zufriedengeben, bis „das Recht ströme wie Wasser und die Gerechtigkeit wie ein nie versiegender Bach".

– Martin Luther King zitiert die Bibel, Amos 5:24

20.

Februar

Liebe ist grenzenlos.
Liebe hört niemals auf.
Liebe wird wiedergeboren und
wiedergeboren und wiedergeboren.

– Thich Nhat Hanh

21.

Februar

Befreit euch aus geistiger Sklaverei.
Nur wir selbst können unseren Geist befreien.

– Bob Marley („Redemption Song")

22.

Februar

Bereits eine rechte Sache allein
rechtfertigt die Erschaffung der Welt.

– Talmud

23.

Februar

Schwierigkeiten sind von meinem Rücken abgeperlt wie Wasser von den Flügeln einer Ente.

– Rita Levi-Montalcini

24.

Februar

Friede ist ein Prozess, der niemals endet, er ist das Ergebnis vieler Entscheidungen von vielen Menschen …

– Óscar Arias Sánchez

25.

Februar

Freundschaft ist doppelte Freude
und geteiltes Leid.

– Francis Bacon

26.

Februar

Im Mittelpunkt der Gewaltlosigkeit
steht das Prinzip der Liebe.

– Martin Luther King

27.
Februar

Schönheit wird die Welt retten.

– Fjodor Michailowitsch Dostojewski

28./29.
Februar

Es gibt ein Schauspiel, das großartiger ist als das Meer, und das ist der Himmel; es gibt ein Schauspiel, das großartiger ist als der Himmel, und das ist die Seele.

– Victor Hugo

1.

März

Liebe ist die Kraft, welche die Seele der Welt transformiert und verbessert.

– Paulo Coelho

MÄRZ

2.

März

Da wir alle diesen kleinen Planeten
Erde miteinander teilen, müssen wir
lernen, miteinander und mit der Natur
in Harmonie und Frieden zu leben.
Das ist nicht einfach nur ein Traum,
sondern eine Notwendigkeit.

– XIV. Dalai Lama

3.

März

Hoffentlich können wir zu einer Familie zusammenwachsen, die von der Hoffnung erfüllt ist, (...) die nächste Generation voranzubringen.

– Jane Goodall

4.

März

Mut ist es, der Angst zu widerstehen, die Angst zu besiegen, nicht die Abwesenheit von Angst.

– Mark Twain

5.

März

Um Frieden durchzusetzen
und menschliche Würde,
muss jeder von uns
kämpfen bis zum Letzten.

– René Cassin

6.

März

Jede Glückseligkeit, die erreicht wird, ist ein Meisterwerk ...

– *Marguerite Yourcenar*

7.

März

Friede, Fortschritt, Menschenrechte – diese drei Ziele sind untrennbar miteinander verbunden: Es ist unmöglich, eines dieser Ziele zu erreichen, solange die beiden anderen außer Acht gelassen werden.

– *Andrei Dmitrijewitsch Sacharow*

8.

März

Das Problem von Krieg und Frieden
wird sich an dem Tag radikal verändern,
an dem Frauen und Männer gleichberechtigt
zum Schicksal der Menschheit beitragen.
Für Mütter und Ehefrauen gibt es nur
eine Lösung des Problems: Frieden.

– Sophia Loren

9.

März

... die Welt so betrachten wie jemand ein großartiges Schauspiel ansieht, bevor sich der Vorhang hebt.

– Abraham „Boolie" Yehoshua

10.

März

Mut ist die Leiter, auf der alle anderen
Tugenden nach oben steigen.

– Clare Boothe Luce

11.
März

Darüber hinaus schätze das Mitleid, damit du keinen Engel von deiner Tür vertreibst.

– *William Blake*

12.
März

Hab Vertrauen in Träume, denn in ihnen liegt das verborgene Tor zur Ewigkeit.

– *Khalil Gibran*

13.

März

Was zählt zwischen Freunden,
ist nicht, was sie sagen, sondern das,
was du nicht sagen musst.

– Albert Camus

14.

März

Keine Liebe, keine Freundschaft
kann den Pfad unseres Schicksals
kreuzen, ohne für immer
eine Spur darin zu hinterlassen.

– François Mauriac

15.

März

… wenn du ein freier Mann bist,
dann bist du bereit für einen Spaziergang.

– Henry David Thoreau

16.

März

Mein bester Freund ist derjenige,
der das Beste in mir zum Vorschein bringt.

– Henry Ford

17.

März

Wahre Freundschaft besteht aus Vertrauen, Loyalität und Nachsicht.

– *Ralph Waldo Emerson*

18.

März

Von allem, was die Weisheit zum glücklichen Leben beiträgt, ist das höchste Gut die Freundschaft.

– *Epikur*

19.

März

Such nicht nach dir selbst außerhalb von dir selbst.

– Persius

20.

März

Ich glaube, dass man das Leben meistert, indem man versteht, dass man selbst Mit-Schöpfer dieses Lebens ist, gemeinsam mit dem höchsten Schöpfer.

– Oprah Winfrey

21.

März

Wenn du glücklich sein willst, sei es.

– Lew Nikolajewitsch Tolstoi

22.

März

Nur das wirklich Reale ist unveränderlich ...

– *Adi Shankara*

23.

März

... Liebe ist der Himmel, und der Himmel ist Liebe.

– *Walter Scott*

24.

März

Friede entsteht, wenn wir in der Lage sind,
das Beste, was wir haben, und alles, was wir sind,
einzubringen, damit wir so eine Welt erschaffen,
die alle unterstützt.

– Hafsat Abiola

25.

März

Der Mensch ist eine Welt im Kleinen.

– Demokrit von Abdera

26.

März

Ich möchte leben und nicht nur Zeuge meines Lebens sein.

– Jacqueline Lee Bouvier Kennedy

27.

März

An diesem wunderschönen neuen
Tag, der so viel süßer ist als der
heutige, wird es kein Leid mehr
geben, und alle Tränen werden
versiegen. Die Sonne wird nicht
mehr untergehen, und der Tag
wird nicht mehr enden an diesem
wunderschönen neuen Tag,
der so viel süßer ist als der heutige.

– Mahalia Jackson („Beautiful Tomorrow")

28.

März

Sei gepriesen, mein Gott,
durch all deine Geschöpfe.

– Franz von Assisi

29.

März

Ich bin Herr meines Schicksals,
der Kapitän meiner Seele.

– William Ernest Henley

30.

März

Licht ist innewohnend,
es befindet sich in uns selbst …

– Maxence Fermine

31.

März

Es ist unmöglich, dass einer nicht
am glücklichsten ist, wenn er
ganz von sich selbst abhängt und
in sich alles hat.

– Marcus Tullius Cicero

1.

April

Freundschaft ist
ein schützender Baum.

– Samuel Taylor Coleridge

APRIL

2.

April

Das Leben ist eine Blüte,
deren Honig die Liebe ist.

– *Victor Hugo*

3.

April

Vielfalt ist die Würze des Lebens,
sie gibt allem Aroma.

– *William Cowper*

4.

April

Wir überspannen die Leere mit
Spinnenfäden, um ein Netz zu erschaffen,
welches Glück einfangen kann.

– Denys Amiel

5.
April

Das Herz findet seine Aufgabe
als Quelle der edelsten
Tugenden, die friedvolle Handlungen
hervorrufen: Liebe, Entschlossenheit,
Zielstrebigkeit, Realitätsbezogenheit,
Toleranz.

– Dominique Pire

6.
April

Was auch immer wir in unserem
begrenzten Umfeld bewirken
können, macht einen Unterschied,
und wir alle zusammen machen
einen riesigen Schritt nach vorne.

– Kofi Annan

7.

April

Die wichtigste Lebensaufgabe des Menschen besteht darin,
(...) das zu werden, was er potentiell ist.

– Erich Fromm

8.

April

Nehmt das Leben in die eigene Hand,
und macht daraus ein Meisterwerk.

– Papst Johannes Paul II.

9.

April

... die Welt auf andere Weise zu betrachten. Schau in deine eigene Welt, schau auf die einfühlendste Art und Weise, und da ist sie, ganz wunderbar.

– *Tiziano Terzani*

10.

April

Ich sehnte mich danach, alles Schöne, das vor mir auftauchte, festzuhalten, und auf lange Sicht wurde diese Sehnsucht erfüllt.

– Julia Margaret Cameron

11.
April

Die wirkliche Aufgabe des Menschen ist es, zu leben und nicht nur zu existieren. Ich sollte nicht meine Tage damit vertun, sie verlängern zu wollen. Ich sollte meine Zeit nutzen.

– Jack London

12.
April

Glück besteht nicht darin, zu haben, was man will, sondern zu mögen, was man hat.

– Hyman Judah Schachtel

13.

April

Liebe bringt Farbe ins Leben.
Das Grau verwandelt sich in einen Regenbogen, es explodiert in tausend Farben, das Monotone und das Glatte werden psychedelisch.

– Osho Rajneesh

14.

April

Und dass im Sturm des Lebens ich erstarke! Als Abendstrahl, der das Gewölk der Sorgen fortlächelt und prophetisch säumt den Morgen!

– George Gordon Noel Byron (Lord Byron)

15.
April

„Und wenn dann alle Kriege vorüber sind", sagte ich,
„wird ein Schmetterling noch immer schön sein."

– Ruskin Bond

16.

April

Ich kenne nur eine Freiheit,
und das ist die Freiheit des Geistes.

– Antoine de Saint-Exupéry

17.

April

Durch Gewaltlosigkeit,
ersetzt der Mut die Angst.
Liebe transformiert Hass.

– Student Nonviolent Coordinating Committee (SNCC)

18.

April

Die Freude ist die Seele allen menschlichen Tuns und Treibens.

– Pierre Bayle

19.

April

Opfere niemals deine Überzeugungen der Bequemlichkeit der Stunde.

– Edward Moore Kennedy

20.

April

Es ist besser den Tagen mehr Leben zu geben
als dem Leben mehr Tage.

– Rita Levi-Montalcini

21.
April

Verstanden zu werden bedeutet, so wie man ist angenommen und akzeptiert zu sein.

– Natalia Ginzburg

22.
April

Mach dich nicht angreifbar,
du bist alles, was du hast.

– Janis Joplin

23.
April

Ich habe kein anderes Zuhause
als mich selbst.

– Anne Truitt

24.
April

Die Suche dient nicht nur dem,
was man sucht;
die Suche selbst entschädigt bereits
für die Anstrengung.

– Dacia Maraini

25.

April

… wer innere Werte besitzt,
wird immer schön sein.

– Sappho

26.

April

Für den Liebenden ist nichts schwierig.

– Marcus Tullius Cicero

27.
April

Manchmal funkelt die Sonne,
und wir fühlen uns lebendig.

– Simon Armitage

28.
April

Wie herrlich ist es, dass niemand
auch nur eine einzige Minute zu
warten braucht, um damit zu
beginnen, die Welt zu verändern.

– Anne Frank

29.

April

Das Festhalten an der Vergangenheit ist
ein Problem. Veränderung zu umarmen
ist die Antwort.

– Gloria Steinem

30.

April

Hab keine Angst vorm Leben. Vertraue darauf,
dass das Leben lebenswert ist,
und dein Glaube wird dir dabei helfen,
dass dies eine Tatsache wird.

– William James

1.

Mai

Stell dir vor, wie alle Menschen ein
Leben in Frieden führen.

– John Lennon, „Imagine"

MAI

2.

Mai

Hoffnung ist eine gute Sache, vielleicht
die beste, die es gibt.
Und gute Sachen vergehen nie.

– Stephen King

3.

Mai

Mögen drei Ziele im Leben gepriesen
sein: Tugend, Wohlstand und Liebe …

– Vatsyayana Mallanaga

4.
Mai

Denn die Wichtigkeit sollte in deinem Blick liegen, nicht im betrachteten Gegenstand.

– *André Gide*

5.
Mai

Der Gedanke macht die Größe des Menschen.

– *Blaise Pascal*

6.

Mai

Der einzige Weg, einen Freund
zu gewinnen,
ist selbst einer zu sein.

– Ralph Waldo Emerson

7.
Mai

Glück ist wie ein Schmetterling.
Verfolgst du es, lässt es sich nicht
packen, lässt du dich aber still nieder,
kann es auf dir landen.

– Nathaniel Hawthorne

8.
Mai

Die Zukunft gehört denen,
die auf die Schönheit ihrer Träume
vertrauen.

– Anna Eleanor Roosevelt

9.
Mai

Es gibt keine Pflicht, die wir so gering schätzen wie die, glücklich zu sein.

– Robert Louis Stevenson

10.
Mai

Friede ist die Schönheit des Lebens. Er ist der Sonnenschein. Er ist das Lächeln eines Kindes, die Liebe einer Mutter, die Freude eines Vaters, das Beisammensein einer Familie. (...) Friede ist all dies und noch viel mehr.

– Menachem Begin

11.

Mai

Ohne Freundschaft
ist das Leben wertlos.

– *Quinto Ennio*

12.

Mai

Liebe hat keine Ausweispapiere.

– *Osho Rajneesh*

13.

Mai

Das einizige echte Gesetz ist das,
welches zur Freiheit führt.

– Richard Bach

14.
Mai

Wenn du keine hundert Menschen ernähren kannst, ernähre wenigstens einen.

– Teresa von Kalkutta

15.
Mai

Mut ist der Preis, den das Leben abverlangt, um Frieden zu gewähren.

– Amelia Earhart

16.

Mai

Der Narr sucht Glück woanders;
der Weise lässt es unter seinen Füßen wachsen.

– Julius Robert Oppenheimer

17.

Mai

Der bessere Teil des eigenen Lebens
besteht aus seinen Freundschaften.

– Abraham Lincoln

18.

Mai

Wir gehorchen unserem persönlichen Schicksal am besten, wenn wir auf unser Herz hören.

– Uell Stanley Andersen

19.

Mai

Liebe ist das Sinnbild der Ewigkeit ...

– Madame de Staël

20.

Mai

Unser Schicksal liegt nicht in den
Sternen, sondern in uns selbst.

– *William Shakespeare*

21.

Mai

Schau nach oben, und strebe immer nach dem Höchsten:
Die Sterne sind gar nicht so weit entfernt!

– *Paolo Nespoli*

22.
Mai

Ich sage euch: Man muss noch Chaos in sich haben,
um einen tanzenden Stern gebären zu können.

– Friedrich Wilhelm Nietzsche

23.

Mai

Hoffnung ist das gefiederte Ding,
das in der Seele hockt
und eine Weise ohne Worte singt
und nie wieder stoppt.

– Emily Dickinson

24.

Mai

Es gibt nichts zu verlieren mit
Frieden. Alles kann verloren gehen
mit Krieg.

– Papst Pius XII.

25.

Mai

Wir sind nicht aufgefordert, uns einer Utopie zu verpflichten oder zu glauben, dass die perfekte Welt gleich um die Ecke auf uns wartet ... Wir sind aufgefordert, uns mit Mut, Hoffnung und der Bereitschaft zu harter Arbeit zu rüsten und weitreichende und großzügige Ideale wertzuschätzen.

– Emily Greene Balch

26.

Mai

Das Schicksal der zivilisierten Menschheit hängt mehr denn je von den moralischen Kräften ab ...

– Albert Einstein

27.

Mai

Die größte Liebe ist die von Freunden zueinander, denn ihre Zuneigung ist aus freien Stücken und rein.

– Paramahansa Yogananda

28.

Mai

Wer ein Leben rettet, der rettet die Welt.

– Talmud

29.
Mai

Ich selbst bin ein ruhiger Mensch, und ich nehme daher an, dass das, was alle suchen, irgendeine Art von Frieden oder vielleicht auch nur eine Formel für den Frieden ist.

– Joseph Conrad

30.

Mai

Wenn Friede als Ideal unsere Bestimmung sein sollte, dann muss gelebter Friede unsere gemeinsame Praxis sein.

– Henry Kissinger

31.

Mai

Ich habe immer empfunden, dass das hochgeschätzte, großartige Privileg der Freundschaft (...) darin besteht, dass man nichts erklären muss.

– Katherine Mansfield

1.

Juni

Wirkliche Großzügigkeit im
Hinblick auf die Zukunft
besteht im Geben in der Gegenwart.

– *Albert Camus*

JUNI

2.
Juni

… die Liebe ist etwas Ewiges – ihre Erscheinungsform kann sich verändern, aber nicht ihre Essenz.

– Vincent van Gogh

3.
Juni

Friede ist eine tägliche Verpflichtung.

– Papst Franziskus

4.

Juni

Um geliebt zu werden, sei liebenswert.

– Ovid

5.

Juni

Sich bescheiden und mit einem Lächeln zu zeigen ist die höchste Kunst der Welt.

– Sergei Alexandrowitsch Jessenin

6.

Juni

Ein Lächeln kann dem zu kurzen Gewebe des Lebens einen Faden hinzufügen.

– Laurence Sterne

7.

Juni

Ich bin leicht wie eine Feder,
ich bin glücklich wie ein Engel ...

– Charles Dickens

8.

Juni

Liebe überwindet alles.

– *Vergil*

9.

Juni

Ich gehe (aus der Armee),
weil es an der Zeit ist, etwas für
den Frieden zu tun, nicht nur über
Frieden zu sprechen.

– *Albert Bigelow*

10.

Juni

Die Erde ist ein guter Platz,
für den es sich zu kämpfen lohnt.

– Ernest Hemingway

11.

Juni

Jeder Mensch auf Erden hat einen
Schatz, der nur auf ihn wartet.

– Paulo Coelho

12.

Juni

Es ist nicht wichtig, wie lange wir leben, sondern wie.

– Philip James Bailey

13.

Juni

… man darf menschliche Leben nicht verschwenden. Menschen dürfen nicht weggeworfen werden.

– Alfred Hitchcock

14.

Juni

Verachtet niemandes Empfindsamkeit.
Die Empfindsamkeit eines Menschen ist sein Genie.

– Charles Baudelaire

15.

Juni

Mensch, sei freundlich zu deinen Mitmenschen,
das ist deine wichtigste Aufgabe …

– Jean-Jacques Rousseau

16.

Juni

Liebe und Kunst umarmen nicht,
was schön ist, sondern was eben
dadurch schön wird.

– Karl Kraus

17.

Juni

Mit geballter Faust
kann man sich nicht die Hand reichen.

– Indira Gandhi

18.

Juni

Wenn du erkennst, dass nichts fehlt,
gehört dir die ganze Welt.

– Laozi

19.

Juni

Die Unendlichkeit befindet sich im
menschlichen Herzen
und nicht irgendwo anders.

– Henry de Montherlant

20.

Juni

Quäl dich nicht. Organisiere!

– *Florynce Kennedy*

21.

Juni

Dies ist, was meine Seele mir sagt:
„Sei friedfertig, und liebe jeden."

– *Malala Yousafzai*

22.

Juni

Wenn Hilfe und Rettung kommen sollen,
werden sie allein von Kindern kommen,
denn Kinder machen Menschen.

– Maria Montessori

23.

Juni

Die Sonne ist neu an jedem Tag.

– Heraklit von Ephesos

24.

Juni

Ich besitze die Kühnheit zu glauben, dass Menschen überall drei Mahlzeiten am Tag für ihren Körper, Bildung und Kultur für ihren Geist und Würde, Gleichheit und Freiheit für ihre Seele haben können.

– Martin Luther King

25.

Juni

Für mich ist das Wichtigste, dass du dein Leben mit Integrität führst und dem Gruppenzwang nicht nachgibst, indem du versuchst, etwas zu sein, was du nicht bist.

– Ellen DeGeneres

26.

Juni

Nur der ist froh, der geben mag.

– Johann Wolfgang von Goethe

27.
Juni

Möge die Liebe in deinem Herzen gedeihen
und dir dabei helfen, Freude und Frieden
durch Liebe zum Ausdruck zu bringen.

– Dorothy Day

28.

Juni

Ohne Friede gibt es nichts wirklich
Menschliches.
Friede ist Harmonie.
Und Harmonie ist das höchste
Lebensideal.

– Klas Pontus Arnoldson

29.

Juni

Ich suche inneren Frieden
indem ich in mich hineinhöre.

– Padre Pedro Pablo Opeka

30.

Juni

Es ist nicht genug, über Frieden zu reden. Man muss an ihn glauben. Und es ist nicht genug, an ihn zu glauben. Man muss an ihm arbeiten.

– Anna Eleanor Roosevelt

1.

Juli

Liebe ist spontan und fleht danach,
sich ausdrücken zu dürfen durch
Freude, Schönheit und Wahrheit.

– Leo Buscaglia

JULI

2.

Juli

Ein Tag ohne ein Lächeln
ist ein vergeudeter Tag.

– Charlie Chaplin

3.

Juli

Alle gutwilligen Menschen haben eine immens große Aufgabe: Es ist die Aufgabe, die Beziehungen in der Lebensgemeinschaft wiederherzustellen auf der Basis von Wahrhaftigkeit, Gerechtigkeit, Liebe, Freiheit.

– Papst Johannes XXIII.

4.

Juli

Friede ist eine ununterdrückbare Sehnsucht im Herzen eines jeden Menschen, unabhängig von seiner jeweiligen kulturellen Identität.

– Papst Benedikt XVI.

5.

Juli

Der Maßstab für Liebe
ist zu lieben ohne Maß.

– Augustinus von Hippo

6.

Juli

Freunde zeigen ihre Liebe
in schweren Zeiten,
nicht im Glück.

– Euripides

7.

Juli

Die Menschheit mus daran denken,
dass Friede kein Geschenk Gottes
an seine Geschöpfe ist, sondern
etwas, das wir uns gegenseitig
schenken.

– Elie Wiesel

8.

Juli

Nur Bescheidenheit und Wahrhaftigkeit zählen.
Beides muss von innen kommen. Man kann es nicht vortäuschen.

– Audrey Hepburn

9.

Juli

Keine Medizin kann heilen,
was Glück nicht zu heilen vermag.

– Gabriel García Márquez

10.

Juli

Dein Herz ist größer
als deine Verletzungen.

– *Henri Nouwen*

11.

Juli

Kein Vogel fliegt zu hoch hinaus,
wenn er mit eigenen Schwingen
aufsteigt.

– William Blake

12.

Juli

Was bleibt stehen,
wenn die Freiheit fällt?

– Joseph Rudyard Kipling

13.

Juli

Wo es Liebe gibt,
ist kein Raum zu klein.

– *Talmud*

14.
Juli

Euer Haus ist euer größerer Körper.
Es wächst in der Sonne und schläft in der Stille der Nacht; und es ist nicht traumlos.

– Khalil Gibran

15.

Juli

Die größte Ehre, die man der
Wahrhaftigkeit erweisen kann,
ist es, sie anzuwenden.

– James Russell Lowell

16.

Juli

Liebe ist vor allem
sich selbst zu verschenken.

– Jean Anouilh

17.

Juli

Möge da jetzt und für lange Zeit eine Welt im Frieden sein, in der wir, das Volk, zum ersten Mal damit beginnen, das großartige Gute in uns vollumfänglich zu nutzen.

– *Ralph Bunche*

18.

Juli

Um das zu erreichen, was wir uns erdenken, müssen wir Grenzen überschreiten. Die Resultate bezeichnen die neuen Grenzen.

– *Georges Perros*

19.

Juli

Erfolg ist, wenn man bekommt, was man sich wünscht.
Glück ist, das zu wollen, was man hat.

– Ingrid Bergman

20.

Juli

Daher bitte ich meine Schwestern und Brüder dringend, keine Angst zu haben. Habt keine Angst, Ungerechtigkeit anzuprangern, auch wenn ihr in der Minderheit seid. Habt keine Angst, nach Frieden zu streben, auch wenn eure Stimme leise ist. Habt keine Angst, Frieden einzufordern.

– Ellen Johnson Sirleaf

21.

Juli

Es ist nie zu spät, das zu werden, was man hätte sein können.

– George Eliot

22.

Juli

Nachdem ich mich plötzlich Aug' in Aug' mit den realen Problemen der Existenz fand (...), hörte ich auf, um triviale Dinge zu kämpfen, wie zum Beispiel Parkplätze.

– Dominique Lapierre

23.

Juli

Nichts kann dir Frieden bringen außer du selbst.

– Ralph Waldo Emerson

24.
Juli

Der Frieden ist so wenig wie die Freiheit ein Urzustand, den wir vorfinden: Wir müssen ihn machen, im wahrsten Sinne des Wortes.

– Willy Brandt

25.
Juli

Du kannst keinen Ozean überqueren, indem du einfach nur auf das Wasser starrst.

– Rabindranath Tagore

26.

Juli

Von allen unseren heutigen Träumen ist keiner so wichtig
– und dabei so schwer realisierbar – wie der Weltfriede.
Mögen wir niemals den Glauben daran verlieren
oder aufhören, alles zu tun, was getan werden kann,
um diesen Traum eines Tages Realität werden zu lassen.

– Lester Bowles Pearson

27.

Juli

Am einfachsten erlangt man Frieden,
wenn man zulässt, dass sich die Völker
der Welt besser kennenlernen.

– Ted Turner

28.

Juli

Denke nicht nach über den vergangenen Tag, und weine nicht über den morgigen.

– Omar Khayyam

29.

Juli

Der Himmel ist weder oben noch unten zu finden, weder rechts noch links, der Himmel findet sich genau in der Mitte der Brust eines Menschen, der einen Glauben hat!

– Salvador Dalí

30.
Juli

Du musst in etwas Vertrauen haben:
in deinen Gott, in das Schicksal, das Leben,
in Karma oder was auch immer;
zu glauben, dass alle Einzelpunkte sich später einmal berühren werden, wird dir das Vertrauen geben, deinem Herzen zu folgen.

– Steve Jobs

31.
Juli

Es ist mein größter Herzenswunsch,
dass die Freiheit nicht vom Frieden getrennt werde,
der das Recht jeder Nation ist.

– Lech Walesa

1.

August

Die Liebe ist das Einzige,
was sich lohnt.

– *Pablo Picasso*

AUGUST

2.

August

Es gibt keine andere Zuflucht als die Wahrheit, die menschliche Intelligenz, der unübertreffliche Geist des Menschen.

– Ralph Norman Angell-Lane

3.

August

Gesegnet ist der Mensch, der seinen gebrechlichen Nachbarn unterstützt.

– Franz von Assisi

4.

August

Mein Temperament führt mich zu Friede
und Harmonie mit allen Menschen.

– *George Washington*

5.

August

Gerechtigkeit ist Wahrheit in Aktion.

– Benjamin Disraeli

6.

August

... alles, was du brauchst, ist ein kleiner Platz in der Sonne und auf dem Land, oder wenigstens den Traum, dass da Friede sei jenseits des Berges.

– Fernando Pessoa

7.
August

Wer den Mut hat zu lachen,
ist der Herr der Welt.

– Giacomo Leopardi

8.
August

Der beste Weg, um deine Träume
Wirklichkeit werden zu lassen,
ist aufzuwachen.

– Paul Valéry

9.

August

Diese Reden sind großartig, nicht wenn oder weil ihre Worte oder Sätze großartig sind, sondern weil sie großartige Entscheidungen und Strategien wiedergeben.

– Ted Sorensen

10.

August

Das wahre Wesen von Frieden, das seine Stabilität und seinen dauerhaften Bestand garantiert, ist Gerechtigkeit.

– Anwar al-Sadat

11.

August

Die Ursache von Frieden
und die Ursache von Wahrheit
gehören zur selben Familie.

– Thomas Woodrow Wilson

12.

August

Jedes Mal, wenn ein Mensch sich für
ein Ideal erhebt, oder handelt,
damit es vielen anderen besser geht,
oder wenn er sich gegen Ungerechtigkeit
wehrt, setzt er eine kleine Welle der
Hoffnung in Bewegung.

– Robert Francis Kennedy

13.

August

Brüderlichkeit ist die Basis und der
Weg zu Frieden.

– Papst Franziskus

14.

August

Das Wichtigste ist nicht das Maß an Wohlstand, sondern dass da ein Maximum an Liebe zwischen den Menschen ist.

– Max Scheler

15.

August

Ich habe die wiederkehrende Fantasie, dass den Grundrechten ein weiterer Artikel hinzugefügt wurde: das Recht auf die Freiheit der Vorstellungskraft.

– *Azar Nafisi*

16.

August

Wenn eine Tür zum Glück sich schließt, öffnet sich eine andere; aber manchmal schauen wir so lange auf die geschlossene Tür, dass wir nicht sehen, dass schon eine andere für uns geöffnet wurde.

– Helen Adams Keller

17.

August

Das Leben ist eine Welle, die niemals in zwei aufeinanderfolgenden Momenten ihrer Existenz aus den selben Partikeln besteht.

– John Tyndall

18.

August

Wahrer Beruf für jeden war nur das eine: zu sich selbst zu kommen.

– Hermann Hesse

19.

August

Hoffnung ist ein Wachtraum.

– *Aristoteles*

20.

August

Güte ist die einzige Investition,
die nie zum Scheitern führt.

– Henry David Thoreau

21.

August

Liebe ist der Talisman
von menschlichem Wohl und Weh …

– Elizabeth Cady Stanton

22.

August

Wunder geschehen jeden Tag.

– Deepak Chopra

23.

August

Liebe hat kein Alter,
da sie sich immerzu erneuert.

– Blaise Pascal

24.

August

Lasst uns Zorn, Feindseligkeit, Rachsucht und andere dunkle Gefühle aus dem Leben verbannen, um uns in rechtschaffene Werkzeuge des Friedens zu verwandeln.

– Carlos Filipe Ximenes Belo

25.

August

Ich möchte glauben, dass auf lange Sicht die Menschen mehr zur Förderung des Friedens beitragen als unsere Regierungen.

– Dwight David Eisenhower

26.

August

Demut ist der Wartesaal aller Perfektion.

– Marcel Aymé

27.

August

Es sind die kleinen Dinge, die Bürger tun. Sie machen den Unterschied. Mein kleines Ding ist es, Bäume zu pflanzen.

– Wangari Maathai

28.

August

Der weise Mensch lebt, indem er seine eigenen Illusionen erfindet.

– *Woody Allen*

29.

August

Auch wenn das Glück
dich ein wenig vergisst,
vergiss niemals ganz das Glück.

– *Jacques Prévert*

30.

August

Ein weiser Mensch wird mehr Gelegenheiten schaffen als finden.

– Francis Bacon

31.

August

Du kannst nicht glücklich sein,
wenn du es nicht selbst willst.

– Alain

1.

September

Lerne vom vergangenen Tag,
lebe für heute, hoffe auf morgen.

– Albert Einstein

SEPTEMBER

2.

September

Das Herz ist ein Schatz, der nicht gekauft oder verkauft werden kann, sondern gegeben wird.

– Gustave Flaubert

3.

September

Zu wissen, wie man alt wird, ist das Meisterwerk der Weisheit und eines der schwierigsten Kapitel großer Lebenskunst.

– Henri-Frédéric Amiel

4.

September

Gewalt ist kein Rechtsmittel.

– John Bright

5.

September

Die ewigen Wahrheiten und ewigen Rechte haben stets am Himmel der menschlichen Erkenntnis aufgeleuchtet (...). Eine jener Wahrheiten ist die, dass Frieden die Grundlage und das Endziel des Glückes (ist).

– Bertha von Suttner

6.

September

Weltgeschichte ist der Fortschritt im Bewusstsein der Freiheit.

– Georg Wilhelm Friedrich Hegel

7.

September

Die Welt ist reich an vielen friedlichen Werken, welche die der Menschheit innewohnende Bestimmung zum Frieden belegen.

– Papst Benedikt XVI.

8.

September

Freiheit ist unteilbar, und wenn ein Mensch in Sklaverei lebt, sind auch alle anderen unfrei.

– John Fitzgerald Kennedy

9.

September

Friede ist nicht die Einheit in Gleichheit, sondern die Einheit in der Vielfalt, er besteht in der Wahrnehmung und Schlichtung von Unterschieden.

– Michail Gorbatschow

10.

September

Ich hoffe, wir können unsere Kunst
für den Frieden und die Liebe
einsetzen.

– Haskell Wexler

11.

September

Friedenserziehung zum Beispiel
sollte ein Pflichtfach
in allen Schulen sein.

– Gino Strada

12.

September

Ein Mensch ist ein Mensch,
weil er andere als Menschen anerkennt.

– Desmond Tutu

13.

September

Es ist möglich, die Welt zu
verändern: Alles was man dazu
braucht, ist aufzustehen, sich mit
anderen zu verbinden und es zu tun.

– Jody Williams

14.

September

Das vornehmste Merkmal
eines großen Mannes ist
seine Bescheidenheit.

– John Ruskin

15.

September

Wir müssen die Zeit weise
einsetzen, und wir müssen uns
immer darüber im Klaren sein,
dass die Zeit immer reif ist, um das
Richtige zu tun.

– Nelson Mandela

16.

September

Ob Friede oder Glück,
lass dich davon einhüllen.

– Charles Bukowski

17.

September

Weil ich auf die Kraft der Wahrheit
und des Geistes vertraue,
glaube ich an die Zukunft der
Menschheit.

– Albert Schweitzer

18.

September

Eines der Geheimnisse des eigenen Umgangs mit der Zeit liegt darin, eine gewisse Fertigkeit zu erlangen, Frieden in sich selbst zu erhalten …

– *Anna Eleanor Roosevelt*

19.

September

Der in sich unbeschwerte Mensch ist auch andern keine Last.

– *Epikur*

20.
September

Wahre Großzügigkeit schenkt
mehr Hilfe als Rat.

– *Gustave Flaubert*

21.
September

Das Leben ist nicht um der Prinzipien willen da,
sondern damit man glücklich wird.

– *Orhan Pamuk*

22.

September

Träumt vom Frieden.
Friede ist rational und sinnvoll.

– Jesse Louis Jackson

23.

September

Es steht jedem frei, sich selbst das Geschenk
des Friedens zu machen.

– Robert Baden-Powell

24.

September

Das einzige Gesetz, das zu
Gerechtigkeit führt, ist Brüderlichkeit.

– Abbé Pierre

25.

September

Nicht alles, was bebt, fällt.

– Michel de Montaigne

26.

September

Ein ehrbarer Mann ist das edelste
Meisterwerk Gottes.

– Alexander Pope

27.

September

… nur solange wir träumen und unseren Träumen vertrauen, wird es uns gelingen, besser zu sein, und wenn wir besser sind, dann ist es auch die Welt.

– Luis Sepúlveda

28.

September

Der beste Weg, um die Zukunft vorherzusagen, ist sie zu erfinden.

– Alan Curtis Kay

29.

September

Freude an der Freude von anderen
zu empfinden: Das ist das Geheimnis
von Glück.

– Georges Bernanos

30.

September

Menschen sind doch
das Wertvollste,
das man gewinnen kann.

– Sigmund Freud

1.

Oktober

Man kann nicht darauf hoffen, die
Welt zum Besseren zu wenden, ohne
dass die Einzelnen sich bessern.

– *Marie Curie*

OKTOBER

2.
Oktober

Junge Menschen, sowohl Jungen als auch Mädchen, wissen, dass sie für andere und mit anderen leben müssen. Sie wissen, dass ihr Leben als Geschenk an den Nächsten Bedeutung bekommt.

– Papst Johannes Paul II.

3.
Oktober

„Es nützt mir, (...) mich so ans Leben zu klammern, (...) wie sich einer an die Eisenstäbe eines Tores klammert, der darüberklettern will."

– Luigi Pirandello

4.

Oktober

Ewig spross die Hoffnung
wie ein Giftpilz.

– Charles Bukowski

5.

Oktober

Mein Pazifismus ist instinktiv,
ein Gefühl, das mich besitzt,
weil das Töten von Menschen
verabscheuungswürdig ist.

– Albert Einstein

6.

Oktober

Die Liebe muss, ganz gleich ob sie neu geboren ist oder aus einem totengleichen Schlummer wieder erwacht, Sonnenschein erschaffen, der das Herz so mit Strahlkraft erfüllt, dass es überfließt in die umgebende Welt.

– Nathaniel Hawthorne

7.

Oktober

Liebende können nicht sterben,
denn die Liebe ist unsterblich.

– Emily Dickinson

8.

Oktober

Die Geschichte kennt kein letztes Wort.

– *Willy Brandt*

9.

Oktober

Die Liebe (...) scheint mir von allem die Hauptsache zu sein.

– *Hermann Hesse*

10.

Oktober

Friede und Gerechtigkeit
sind zwei Seiten derselben Münze.

– Dwight David Eisenhower

11.

Oktober

Behüte mich wie den Augapfel, den Stern des Auges,
birg mich im Schatten deiner Flügel.

– Bibel

12.
Oktober

Die höchsten erreichbaren Formen der Verständigung
sind das Lachen und menschliches Mitgefühl.

– Richard Phillips Feynman

13.
Oktober

Harmonie in allem ist das Ziel, dem der Mensch eifrig nachstreben soll. Wie im Weltall, so soll die Harmonie auch im Menschen, gleichsam einer Welt im Kleinen, vorhanden sein.

– Pythagoras

14.
Oktober

Liebe die Wahrheit, doch verzeihe den Irrtum.

– Voltaire

15.

Oktober

… wir können nicht an das Gewissen der Welt appellieren, wenn unser eigenes Gewissen schläft.

– *Carl von Ossietzky*

16.

Oktober

Handle so, dass du die Menschheit, sowohl in deiner Person als auch in der Person eines jeden andern, jederzeit zugleich als Zweck, niemals bloß als Mittel brauchtest.

– Immanuel Kant

17.

Oktober

Das Herz hat Gründe,
welche die Vernunft nicht versteht.

– Jacques-Bénigne Bossuet

18.

Oktober

Und so lasst uns alle einander immer mit einem Lächeln begegnen, denn das Lächeln ist der Beginn der Liebe …

– Teresa von Kalkutta

19.

Oktober

Wir haben zwar wenig zu sagen, aber viel mitzuteilen, wenn es darum geht, durch gewaltlosen Kampf die Ungerechtigkeit zu beseitigen und eine gerechtere und menschlichere Gesellschaft für alle zu erreichen.

– Adolfo Pérez Esquivel

20.

Oktober

Freundschaft ist der einzige Kitt,
der je in der Lage ist, die Welt
zusammenzuhalten.

– Thomas Woodrow Wilson

21.

Oktober

Ein Tag wird nie vertan sein,
solange man zumindest
einen guten Rat erhalten hat.

– José Saramago

22.

Oktober

Lass durch dein Feingefühl einen Pfad der Weisheit entstehen, und lass zu, dass sich deine Ängste durch Hoffnung vermindern.

– Sergio Bambarén

23.

Oktober

Auch ohne Hoffnung ist das Ringen noch eine Hoffnung.

– Romain Rolland

24.
Oktober

Der einzige Kampf, der schon verloren ist,
ist der Kampf, den man nicht führt.

– Rigoberta Menchú Tum

25.

Oktober

Das gemeinschaftliche Leben mit liebenswürdigen Wesen, denen man in ruhiger Freundschaft ergeben ist, ist das Ideal des Glückes.

– *George Sand*

26.

Oktober

Ein Mann ohne Vorstellungskraft hat keine Flügel.

– Muhammad Ali

27.

Oktober

Ich weiß, wie Menschen im Exil
sich von der Hoffnung ernähren.

– Aischylos

28.
Oktober

Allein der Glaube ist des Gewissens Friede.

– *Martin Luther*

29.
Oktober

Das Reich des Friedens würde nie mehr Gegenstand ständigen Widerspruchs vonseiten des Kriegs sein, denn es würde auf dem unangreifbaren Fundament von Gerechtigkeit, Recht und Völkersolidarität ruhen!

– *Élie Ducommun*

30.

Oktober

Es ist wichtig, dass Herrschende und religiöse Führer verstehen, dass es keinen Frieden ohne Gerechtigkeit gibt.

– *Seán MacBride*

1.

November

Friede ist kein Traum:
Er kann Realität werden. Um ihn zu hüten,
muss man in der Lage sein zu träumen.

– Nelson Mandela

NOVEMBER

2.

November

Haben Sie vergessen, dass die Liebe, wie die Medizin, nichts als eine Kunst ist, die der Natur nachhilft?

– Pierre-Ambroise-François Choderlos de Laclos

3.

November

Das Geheimnis liegt darin, uns selbst treu zu bleiben, unseren eigenen Überzeugungen zu vertrauen, im Einklang mit anderen zu sein und uns selbst anzutreiben, genau das Leben zu leben, das wir uns immer erträumt haben.

– Sergio Bambarén

4.

November

In der Liebe gibt es nichts als Liebe.

– Jean de La Fontaine

5.

November

Der größte Ruhm im Leben ist nicht, dass man niemals fällt, sondern dass man nach jedem Sturz wieder aufsteht.

– Nelson Mandela

6.

November

Menschen brauchen Liebe,
ohne Liebe sterben sie.

– Diana, Princess of Wales

7.

November

Friede im Geist
kann allen Stürmen
des Lebens standhalten.

– Pio von Pietrelcina

8.
November

Die freie Meinungsäußerung
ist die Grundlage der Menschenrechte,
die Quelle der Menschlichkeit,
und die Mutter der Wahrheit.

– Liu Xiaobo

9.
November

Die Liebe ist fixiert, das Gedächtnis
kann sofort auf sie zugreifen, sie ist
in meinen Körper eingedrungen wie
Farbe in Stoffe.

– Anne Truitt

10.
November

Mitgefühl ist die höchste Form
menschlicher Existenz.

– Fjodor Michailowitsch Dostojewski

11.
November

Nächstenliebe zu leben bedeutet,
nicht eigene Interessen zu verfolgen,
sondern die Bürde der Schwachen
und Armen auf sich zu nehmen.

– Papst Franziskus

12.

November

Ein liebendes Herz
ist die echteste Weisheit.

– Charles Dickens

13.

November

Friede ist nicht die Abwesenheit von Krieg. Friede ist eine Tugend, eine Geisteshaltung, eine Neigung zu Güte, Vertrauen und Gerechtigkeit.

– Baruch Spinoza

14.
November

Freundschaft ist das Einzige auf der Welt, über dessen Nutzen sich alle Menschen einig sind.

– Marcus Tullius Cicero

15.
November

Leben ist wie ein Violinensolo vor Publikum, das man spielt, während man das Instrument noch erlernt.

– Samuel Butler

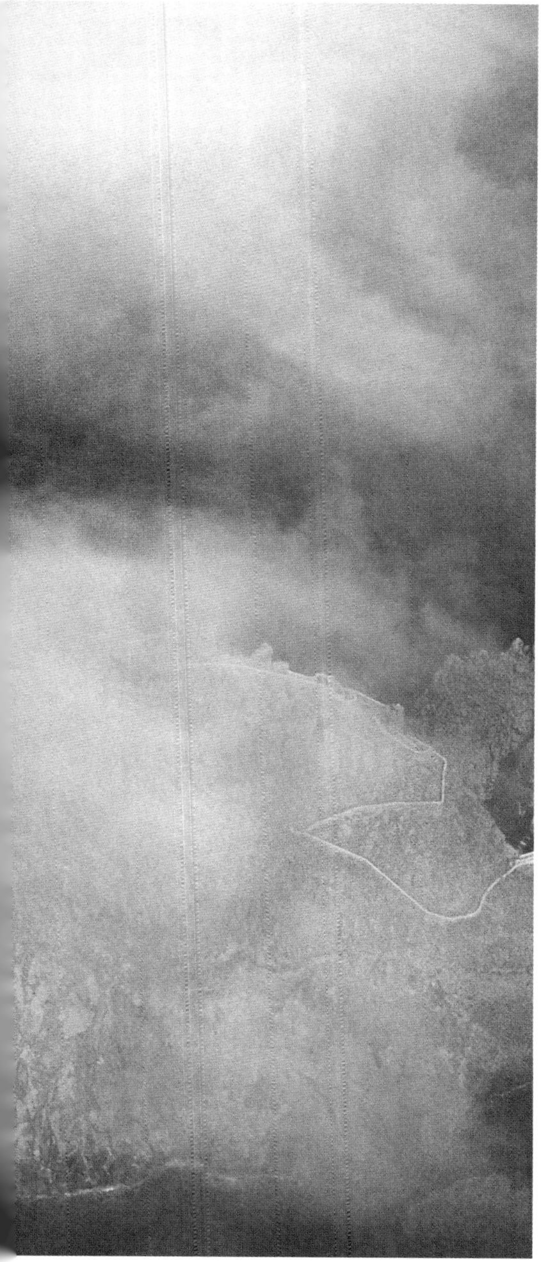

16.

November

Ich kenne keine größere Aufgabe für die Menschheit als die Sache des Friedens, der nur durch die ernsthafte Anstrengung der Nationen und Völker erlangt werden kann.

– Frank Billings Kellogg

17.

November

Ich spreche über wahren Frieden. Die Art von Frieden, die das Leben auf Erden lebenswert macht und Menschen und Nationen gedeihen lässt, ihnen Hoffnung gibt ...

– John Fitzgerald Kennedy

18.

November

Lass die Ankunft an deinem Ziel zum
Ausgangspunkt für dein nächstes Ziel werden.

– Arturo Graf

19.

November

Tagträumer sehen vieles, was denen entgeht,
die nur bei Nacht träumen.

– Edgar Allan Poe

20.

November

Das Retten der Erde meistert die Erde nicht, und macht sich die Erde nicht untertan, von wo nur ein Schritt ist zur schrankenlosen Ausbeutung.

– Martin Heidegger

21.
November

Positives und Negatives gehören zum Wesen der menschlichen Natur. Dennoch liegt es im Rahmen menschlicher Fähigkeiten, daran zu arbeiten, dass das Positive gestärkt und das Negative minimiert oder neutralisiert wird.

– Aung San Suu Kyi

22.

November

Wahre Liebe kennt keine Grenzen.

– Properz

23.
November

Es gibt keinen Weg zum Glück.
Glücklich sein ist der Weg.

– Buddha Shakyamuni

24.
November

Alle meine Handlungen haben ihren
Ursprung in meiner unveräußerlichen
Liebe zur Menschheit.

– Mahatma Gandhi

25.
November

Fehler gehören zum Leben
wie Schatten zum Licht.

– Ernst Jünger

26.
November

... man muss keinen Druck ausüben
oder laut sprechen, um die eigenen
Überzeugungen zu verteidigen.
Wenn man richtig liegt, und das, was
man sagt, gut und solide ist, dann ist das
Verteidigung genug ...

Frank Lloyd Wright

27.
November

Am Ende werden wir uns nicht an die Worte unserer Feinde erinnern, sondern an die Stille unserer Freunde.

– Martin Luther King

28.
November

Wir werden nicht aufhören zu forschen, und das Ende unserer Forschung wird sein, dass wir zum Ausgangspunkt zurückkehren und diesen Ort zum ersten Mal erkennen.

– Thomas Stearns Eliot

29.

November

Hoffnung ist der Schleier der Natur der die Nacktheit der Wahrheit verhüllt.

– Alfred Bernhard Nobel

30.

November

Wer seinen Egoismus überwindet, der entledigt sich des bedeutendsten Hindernisses, welches jeder wahren Größe und jedem wahren Glücke den Weg verrammelt.

– József Eötvös de Vásárosnamény

1.

Dezember

Denn die Liebe ist wie ein Baum:
Sie treibt von selbst,
schlägt ihre Wurzeln tief in unser ganzes Wesen,
und grünt noch oft auf einem gebrochenen Herzen weiter.

– Victor Hugo

DEZEMBER

2.

Dezember

Keine Verstellung kann Liebe lange verbergen, wenn sie vorhanden ist, noch kann man sie vortäuschen, wenn sie nicht da ist.

– François de La Rochefoucauld

3.

Dezember

Die tiefste Liebe ist oft verborgen.

– Yamamoto Tsunetomo

4.

Dezember

Was bleibt, wenn sich alles verändert?
Es ist die Liebe; nur was niemals zu etwas anderem wird,
ist wirklich Liebe.

– Søren Kierkegaard

5.

Dezember

Freundschaft, die aus dem Herzen fließt, kann nicht durch widrige Umstände zu Eis erstarren, sie kann es ebenso wenig wie das Wasser, das im Winter aus einer Quelle sprudelt.

– James Fenimore Cooper

6.
Dezember

Auch die Hoffnung und der Mut von wenigen hinterlassen unauslöschliche Spuren.

– *Giambattista Vico*

7.
Dezember

Folge nicht dem ausgetretenen Pfad,
sondern gehe, wo es keinen Pfad gibt, und hinterlasse eine Spur.

– Ralph Waldo Emerson

8.

Dezember

Kinder haben keine Vergangenheit, und allein dies ist das Geheimnis der magischen Unschuld ihres Lächelns.

– Milan Kundera

9.

Dezember

Kein Mensch, der einmal von ganzem Herzen gelacht hat kann vollkommen und unwiederbringlich schlecht sein.

– Thomas Carlyle

10.

Dezember

Liebe bedeutet nicht, dass man außerordentliche, heldenhafte Dinge vollbringt. Es bedeutet, dass man die einfachen Dinge mit Sanftheit tut.

– Jean Vanier

11.

Dezember

Daher ist die Liebe die fundamentale innewohnende Bestimmung jedes Menschen.

– Papst Johannes Paul II.

12.

Dezember

Jeder Mensch, ganz gleich welcher Herkunft und mit welchem sozialen Status, verdient Respekt.

– Maha Thray Sithu U Thant

13.

Dezember

Liebe ist die einzige Macht, die in der Lage ist,
Feinde in Freunde zu verwandeln.

– Martin Luther King

14.
Dezember

Wer Sonnenschein in das Leben von anderen bringt, kann ihn nicht von seinem eigenen fernhalten.

– James Matthew Barrie

15.
Dezember

Ich würde mich als den Glücklichsten unter den Sterblichen ansehen, wenn ich bewirken könnte, dass die Menschen sich selbst von ihren Vorurteilen befreien.

– Montesquieu

16.

Dezember

Hoffnung sollte so grenzenlos sein
wie Hingabe.

– Hans Urs von Balthasar

17.

Dezember

Jeder Tag ist ein kleines Leben …

– Arthur Schopenhauer

18.

Dezember

Du kannst die Wellen nicht aufhalten,
aber du kannst das Wellenreiten lernen.

– Joseph Goldstein

19.

Dezember

Ich vertraue auf das Gesetz der Liebe.

– Clarence Seward Darrow

20.

Dezember

Du sollst deinen Nächsten lieben wie dich selbst.

– Bibel

21.
Dezember

Die Bejahung des eigenen Lebens, des Glückes, des Wachstums und der Freiheit wurzelt in meiner eigenen Liebesfähigkeit.

– Erich Fromm

22.

Dezember

Sei die Veränderung, die du in der Welt sehen willst.

– Mahatma Gandhi

23.

Dezember

Es ist leichter, das Gute zu erkennen, als es zu definieren.

– Wystan Hugh Auden

24.
Dezember

Wie schön wäre es, wenn jeder von uns am Abend sagen könnte: Heute habe ich anderen meine Liebe gezeigt.

– Papst Franziskus

25.

Dezember

Die Liebe ist stets der Ausgangspunkt
des Wissens, so wie das Feuer der
Ausgangspunkt des Lichts ist.

– *Thomas Carlyle*

26.
Dezember

Friede bedeutet Hoffnung für jeden.

– Ernesto Olivero

27.
Dezember

Liebe ist der Gruß der Engel an die Sterne.

– Victor Hugo

28.
Dezember

Der Mond altert schnell. Und der neue Mond ersteht unmittelbar aus der Asche des alten.

– Kader Abdolah

29.

Dezember

In seinem Dorf
findet ein Mensch Frieden.

– Anwar al-Sadat

30.

Dezember

Der wichtigste Schatz eines Volks ist
seine Würde.

– Camillo Benso Conte di Cavour

31.

Dezember

Ein Jahr ist nun also vergangen, und auch das nächste wird vergehen, und es wird genauso reich an Überraschungen sein wie das erste. (...) Für mich bedeutet das, dass ich lernen muss, mit Ergebenheit.

– Michail Afanassjewitsch Bulgakow

DIE AUTOREN

A

Abbé Pierre (Henri Antoine Grouès), 1912–2007, französischer katholischer Priester (24. September)

Abdolah, Kader (Hossein Farahani), 1954–, iranischer Schriftsteller (28. Dezember)

Abiola, Hafsat, 1974–, nigerianische Menschenrechtsaktivistin (24. März)

Adi Shankara, 788–820, indischer Philosoph (22. März)

Aesop, ca. 620–560 v. Chr., griechischer Schriftsteller und Fabelschreiber (2. Januar)

Aischylos, 525–456 v. Chr., griechischer Schriftsteller (27. Oktober)

Alain (Emile-Auguste Chartier), 1868–1951, französischer Philosoph, Journalist und Schriftsteller

Alberoni, Francesco, 1929–, italienischer Soziologe, Journalist und Schriftsteller (11. Februar)

Allen, Woody (Heywood Allen), 1935–, Filmregisseur und -autor (28. August)

Amiel, Henri-Frédéric, 1821–1881, Schweizer Philosoph und Dichter (3. September)

Andersen, Hans Christian, 1805–1875, dänischer Schriftsteller und Dichter (24. Januar)

Andersen, Uell Stanley, 1917–1986, amerikanischer Schriftsteller (18. Mai)

Annan, Kofi Atta, 1938–, ghanesischer Politiker, Diplomat und ehemaliger Generalsekretär der Vereinten Nationen (6. April)

Anouilh, Jean, 1910–1987, französischer Dramatiker (16. Juli)

Arias Sánchez, Óscar Rafael de Jesús, 1940–, ehemaliger Präsident von Costa Rica (24. Februar)

Aristoteles, ca. 384–322 v. Chr., griechischer Philosoph (8. Januar, 19. August)

Armitage, Simon, 1963–, britischer Autor (27. April)

Arnoldson, Klas Pontus, 1844–1916, schwedischer Journalist und Schriftsteller (28. Juni)

Auden, Wystan Hugh, 1907–1973, britischer Dichter (23. Dezember)

Augustinus von Hippo, 354–430, römischer Philosoph und Theologe (5. Juli)

Aung San Suu Kyi, 1945–, burmesische Politikerin und Friedensaktivistin (21. November)

Aymé, Marcel, 1902–1967, französischer Schriftsteller (26. August)

B

Bach, Richard David, 1936–, amerikanischer Schriftsteller (17. Januar, 13. Mai)

Bacon, Francis, 1561–1626, britischer Philosoph, Politiker und Jurist (25. Februar, 30. August)

Baden-Powell, Robert, 1857–1941, britischer Soldat, Erzieher und Schriftsteller (23. September)

Bailey, Philip James, 1816–1902, britischer Dichter (12. Juni)

Balch, Emily Greene, 1867–1961, amerikanische Schriftstellerin und Ökonomin (25. Mai)

Balthasar, Hans Urs von, 1905–1988, Schweizer Kleriker und Theologe (16. Dezember)

Bambarén, Sergio, 1960–, australischer Schriftsteller (31. Januar, 22. Oktober, 3. November)

Barrie, James Matthew, 1860–1937, britischer Schriftsteller (14. Dezember)

Baudelaire, Charles Pierre, 1821–1867, französischer Dichter (18. Januar, 14. Juni)

Bayle, Pierre, 1647–1706, französischer Philosoph, Schriftsteller und Enzyklopädist (18. April)

Beerbohm, Henry Maximillian, 1872–1956, britischer Schriftsteller (10. Februar)

Begin, Menachem Wolfovitch, 1913–1992, israelischer Politiker (10. Mai)

Belo, Carlos Filipe Ximenes, 1948–, katholischer Bischof (24. August)

Benedikt XVI., Papst (Joseph Aloisius Ratzinger), 1927–, (4. Juli, 7. September)

Bergman, Ingrid, 1915–1982, schwedische Schauspielerin (19. Juli)

Bernanos Georges, 1888–1948, französischer Schriftsteller (29. September)

Bibel (11. Oktober, 20. Dezember)

Bigelow, Albert Smith, 1906–1993, amerikanischer Pazifist (9. Juni)

Blake, William, 1757–1827, britischer Dichter und Erfinder der Radierung (11. März, 11. Juli)

Bonatti, Walter, 1930–2011, italienischer Bergsteiger (30. Januar)

Bond, Ruskin, 1934–, indischer Schriftsteller (15. April)

Boothe Luce, Clare, 1903–1987, amerikanische Journalistin, Politikerin, Schauspielerin und Diplomatin (10. März)

Bossuet, Jacques-Bénigne, 1627–1704, französischer Kleriker, Theologe, und Schriftsteller (17. Oktober)

Brandt Willy (Herbert Ernst Karl Frahm), 1913–1992, deutscher Politiker (24. Juli, 8. Oktober)

Bridges, Robert Seymour, 1844–1930, britischer Dichter (7. Januar)

Bright, John, 1811–1889, britischer Staatsmann (4. September)

Brontë, Charlotte, 1816–1855, britische Schriftstellerin (13. Februar)

Buddha Shakyamuni, 6. Jahrhundert v. Chr., Religionsstifter des Buddhismus (23. November)

Bukowski, Henry Charles, 1920–1994, amerikanischer Dichter und Schriftsteller (16. September, 4. Oktober)

Kipling, Joseph Rudyard, 1865–1936, britischer Schriftsteller und Dichter (12. Juli)
Kissinger, Henry, 1923, amerikanischer Politiker (30. Mai)
Kraus, Karl 1874–1936, österreichischer Schriftsteller, Journalist, Essayist, Dichter, und Satiriker (16. Juni)
Kraus, Karl, 1874–1935, österreichischer Schriftsteller, Journalist, Essayist, Dichter und Satiriker (16. Juni)
Kundera, Milan, 1929–, tschechischer Schriftsteller (französischer Staatsbürger) (8. Dezember)

L

La Fontaine, Jean de, 1621–1695, französischer Schriftsteller und Fabeldichter (4. November)
La Rochefoucauld, François de, 1613–1680, französischer Schriftsteller und Philosoph (2. Dezember)
Lamartine, Alphonse Marie Louis de Prat de, 1790–1859, französischer Dichter, Historiker und Politiker (21. Januar)
Laozi, 6. Jahrhundert v. Chr., chinesischer Philosoph (18. Juni)
Lapierre, Dominique, 1931–, französischer Schriftsteller und Philanthrop (22. Juli)
Lee Bouvier Kennedy, Jacqueline, 1929–1994, First Lady der Vereinigten Staaten (26. März)
Lennon, John, 1940–1980, britischer Sänger und Friedensaktivist (5. Januar, 1. Mai)
Leopardi, Giacomo, 1798–1837, italienischer Dichter und Philosoph (7. August)
Lessing, Gotthold Ephraim, 1729–1781, deutscher Schriftsteller und Philosoph (15. Februar)
Levi-Montalcini, Rita, 1909–2012, italienische Ärztin und Medizinwissenschaftlerin (23. Februar, 20. April)
Lincoln, Abraham, 1809–1865, 16. Präsident der Vereinigten Staaten (17. Mai)
London, Jack (John Griffith Chaney London), 1876–1916, amerikanischer Schriftsteller (11. April)
Loren, Sophia (Sofia Villani Scicolone), 1934–, italienische Schauspielerin (8. März)
Lowell, James Russell, 1819–1891, amerikanischer Dichter und Diplomat (15. Juli)
Luther, Martin, 1483–1546, deutscher Theologe und Reformator (28. Oktober)
Lynch, David Keith, 1946–, amerikanischer Filmregisseur, -autor und -produzent (4. Februar)

M

Maathai, Wangari Muta, 1940–2011, kenianische Biologin und Umweltaktivistin (27. August)
MacBride, Seán, 1904–1988, irischer Politiker (30. Oktober)
Madame de Staël (Anne-Louise Germaine Necker), 1766–1817, französische Schriftstellerin (19. Mai)
Malcolm X (Malcolm Little), 1925–1965, amerikanischer Bürgerrechtsaktivist (7. Februar)
Mandela, Nelson, 1918–2013, südafrikanischer Präsident (15. September, 1. November, 5. November)
Mansfield, Katherine, 1888–1923, neuseeländische Schriftstellerin (31. Mai)
Maraini, Dacia, 1936–, italienische Schriftstellerin, Dichterin und Filmautorin (24. April)
Mark Twain (Samuel Langhorne Clemens), 1835–1910, amerikanischer Schriftsteller (4. März)
Marley, Bob (Robert Nesta Marley), 1945–1981, jamaikanischer Sänger (21. Februar)
Marquez, Gabriel Garcia, 1927–, kolumbianischer Schriftsteller (9. Juli)
Mauriac, François Charles, 1885–1970, französischer Schriftsteller und Journalist (14. März)
Menchù Tum, Rigoberta, 1959–, guatemalische Pazifistin (24. Oktober)
Montaigne, Michel de, 1533–1592, französischer Philosoph, Schriftsteller und Politiker (25. September)
Montesquieu, Charles-Louis de Secondat, Baron de, 1689–1755, französischer Philosoph und Jurist (15. Dezember)
Montessori, Maria, 1870–1952, italienische Pädagogin, Philosophin, Ärztin und Wissenschaftlerin (22. Juni, 18. Oktober)
Montherlant, Henry de, 1896–1972, französischer Schriftsteller und Schriftsteller (19. Juni)
Muhammad Ali (Cassius Clay), 1942–, amerikanischer Boxer (26. Oktober)

N

Nafisi, Azar, 1955–, iranischer Schriftsteller (15. August)
Nespoli, Paolo Angelo, 1957–, italienischer Astronaut (21. Mai)
Niccolini, Giovanni Battista, 1782–1861, italienischer Schriftsteller (5. Februar)
Nietzsche, Friedrich Wilhelm, deutscher Philosoph und Dichter (18. Februar, 22. Mai)
Nobel, Alfred Bernhard, 1833–1896, schwedischer Chemiker und Philanthrop (29. November)
Norman Angell-Lane, Ralph, 1872–1967, britischer Politiker und Essayist (2. August)
Nouwen, Henri Jozef Machiel, 1932–1996, dänischer Kleriker und Schriftsteller (10. Juli)

O

Olivero, Ernesto, 1940–, italienischer Schriftsteller und Aktivist (26. Dezember)
Omar Khayyam, 1048–1131, persischer Mathematiker, Astronom, Dichter und Philosoph (28. Juli)
Opeka, Pedro Pablo, 1948–, argentinischer Kleriker (29. Juni)
Oppenheimer, Julius Robert, 1904–1967, amerikanischer Physiker (16. Mai)
Osborne, John, 1929–1994, britischer Schriftsteller (16. Februar)
Osho Rajneesh, 1931–1990, indischer Philosoph und Mystiker (13. April, 12. Mai)
Ossietzky, Carl von, 1889–1938, deutscher Journalist (15. Oktober)

BILDNACHWEIS

UMSCHAGVORDERSEITE: gyn9037/Shutterstock.
UMSCHLAGRÜCKSEITE: *links:* vvvita/iStockphoto; *Mitte:* Banana Republic images/Shutterstock; *rechts:* Igor Yaruta/ 123RF
Seiten 2 und 3, Banana Republic images/Shutterstock; Seite 4, somchai rakin/Shutterstock

JANUAR
1, M. Santini/De Agostini Picture Library; 2, mycteria/123RF; 3, Ruud Morijn/123RF; 4, Nick Irvine/123RF; 5, Ivan Dzyuba/123RF; 6, Barbara Helgason/123RF; 7, Anna-Mari West/123RF; 8, Kseniya Abramova/123RF; 9, Veronika Petrova/123RF; 10, Pavel Klimenko/123RF; 11, Maxim Khytra/Shutterstock; 12 und 13, Dennis van de Water/Shutterstock; 14 und 15, Nadezhda Bobrovskaya/Shutterstock; 16 und 17, Seven Gaertner/123RF; 18 und 19, stevanzz/123RF; 20, Eduardo Gonzalez Diaz/123RF; 21 und 22 Hung Chung Chih/Shutterstock; 23, Kuttelvaserova Stuchelova/ Shutterstock; 24, A. Vergani/De Agostini Picture Library; 25 und 26, yanikap/Shutterstock; 27/28, Sakarin Sawasdinaka/123RF; 29 und 30, Marcello Bertinetti; 31, imagevixens/123RF.

FEBRUAR
1, Volkova Irina/Shutterstock; 2 und 3, Doug Meek/Shutterstock; 4 und 5, Bas Meelker/Shutterstock; 6 und 7, hxdyl/Shutterstock; 8, szefei/123RF; 9 und 10, Nicholas Han/123RF; 11 und 12, Marcello Bertinetti; 13 und 14, Stanislav Duben/123RF; 15, George Spade/123RF; 16 und 17, SurangaSL/Shutterstock; 18, ehrlif/123RF; 19 und 20, Tono Balaguer/123RF; 21, pixphoto/123RF; 22, Risto Hunt/123RF; 23, Alexey Repka/123RF; 24, Francesco Venturini/123RF; 25, Jan Marijs/123RF; 26, andym80/123RF; 27 und 28/29 Marcello Bertinetti.

MÄRZ
1, gyn9037/Shutterstock; 2, Ryhor Bruyeu/123RF; 3, Gleb Tarassenko/123RF; 4, Galyna Andrushko/123RF; 5, Dean Fikar/123RF; 6 und 7, rozabel/123RF; 8, poupik/123RF, Yanika Panfilova/123RF; 9, Alvaro Puig/123RF; 10, Natallia Yeumenenka/123RF; 11, Pratya Chutipattarasakul/123RF; 12, Mr.Smith Chetanachan/123RF;13 und 14, Zagorodnaya/Shutterstock; 15, julietphotography/123RF; 16, DamianKuzdak/iStockphoto; 17 und 18, vvvita/123RF; 19, 20 und 21, nimnull/Shutterstock; 22 und 23, Joseph Scott Photography/Shutterstock; 24, stjepann/ Shutterstock; 25 und 26, Dean Fikar/123RF; 27, satina/123RF; 28, Nattachai Sesaud/123RF; 29, MariuszBlach/iStockphoto; 30 und 31, yelenayemchuk/123RF.

APRIL
1, vovan/Shutterstock; 2, Vilor/Shutterstock; 3, LiliGraphie/ Shutterstock; 4, Petar Paunchev/Shutterstock, Yanika Panfilova/123RF; 5 und 6, Sofiaworld/Shutterstock; 7 blueone/123RF; 8, romrf/Shutterstock; 9 und 10, Meogia/Shutterstock; 11, Oleg Znamenskiy/123RF; 12, Nathaporn Tunthong/123RF; 13 und 14, kotenko/123RF; 15, Willyam Bradberry/Shutterstock, Natalia Bratslavsky/123RF; 16 und 17, Irina Igumnova/123RF; 18 und 19, fotostorm/iStockphoto; 20, Andyworks/iStockphoto; 21, Natalia Melnychuk/Shutterstock; 22, vvvita/iStockphoto; 23 und 24, Snowshill/iStockphoto; 25, Vilor/Shutterstock; 26, Vilor/Shutterstock; 27 und 28, Mark Carthy/Shutterstock; 29, Daniel Halfmann/123RF; 30, Mohd Hairul Fiza Musa/123RF.

MAI
1, Anna Omelchenko/123RF; 2 und 3, Dmitry Pichugin/123RF; 4 und 5, theclickstudios/iStockphoto; 6, Ksenia Raykova/123RF; 7 und 8, Yarkovoy/Shutterstock; 9 und 10, Igor Yaruta/123RF; 11 und 12, Peter Bodig/123RF; 13, Alexey Stiop/ Shutterstock; 14, bephotographers/iStockphoto; 15, Irtish/ iStockphoto; 16, Jane Rix/Shutterstock; 17, JohnPitcher/ iStockphoto; 18 und 19, Dashu/Shutterstock; 20 und 21, tobkatrina/Shutterstock; 22, tobkatrina/Shutterstock; 23 und 24, Tania und Jim Thomson/123RF; 25 und 26, Worradirek Muksab/123RF; 27 und 28, M. Santini/ De Agostini Picture Library; 29, Icponline/De Agostini Picture Library; 30 und 31, Vladimir Sklyarov/123RF.

JUNI
1, Dmitriy Kurnyavko/Shutterstock; 2 und 3, Qi Feng/123RF; 4, Halfpoint/Shutterstock, popovich_vl/Shutterstock; 5 und 6, Igor Yaruta/123RF; 7, Monika Gniot/Shutterstock; 8 und 9, Sanchai Loongroong/123RF; 10 und 11, Tono Balaguer/123RF; 12 und 13, StevenRussellSmithPhotos/Shutterstock; 14, wanchai/Shutterstock; 15, wanchai/Shutterstock; 16, picsfive/123RF; 17, Karel Noppe/123RF; 18 und 19, Leonid Tit/123RF; 20 und 21, Simotion/iStockphoto; 22, agshotime/iStockphoto; 23, Scorpp/Shutterstock; 24, maradonna 8888/Shutterstock; 25 und 26, strangerview/123RF; 27, Debbie Orlean/123RF; 28 und 29, Ditty_about_summer/Shutterstock; 30, Nattika/Shutterstock, filmfoto/Shutterstock.

JULI

1, freya-photographer/Shutterstock; 2, Debbie Orlean/123RF; 3, S.R.Lee Photo Traveller/Shutterstock; 4, Vilor/Shutterstock; 5 Vilor/Shutterstock; 6 und 7, Sitti/Shutterstock; 8 und 9, Mikhail Popov/123RF; 10, sdvonmb/123RF; 11 und 12, Marcello Bertinetti; 13, Judy Kennamer/123RF; 14, Malgorzata Kistryn/123RF, 15, Komkrit Preechachanwate/123RF; 16, Alvaro Puig/123RF; 17, Mariusz Blach/123RF, Warawoot Nanta/123RF; 18, Mikadun/Shutterstock; 19, Mikadun/Shutterstock; 20 und 21, Marie Daloia/123RF; 22 und 23, S. Vannini/De Agostini Picture Library; 24 und 25, Daniel Korzeniewski/Shutterstock; 26, Marcello Bertinetti; 27, Marcello Bertinetti; 28 und 29, Nokuro/Shutterstock; 30 und 31 Dmitry Kushch/123RF.

AUGUST

1, Igor Yaruta/123RF; 2 und 3, Bernd Schmidt/123RF; 4, Digoarpi/Shutterstock; 5 und 6, raywoo/123RF; 7 und 8, Monika Gniot/Shutterstock; 9, elf0724/123RF; 10, Joerg Hackemann/123RF; 11 und 12, Dustie/Shutterstock; 13, Chanwit Whanset/Shutterstock; 14, Lan Images/Shutterstock; 15, Yiannis Papadimitriou/Shutterstock; 16, leoks/Shutterstock; 17, EpicStockMedia/Shutterstock; 18, Marcello Bertinetti; 19, Samot/Shutterstock; 20 und 21, Vilor/Shutterstock; 22, Veerachai Viteeman/Shutterstock; 23, Sunny studio-Igor Yaruta/Shutterstock; 24 und 25, zhu difeng/Shutterstock; 26, Iakov Kalinin/Shutterstock; 27, wong sze yuen/Shutterstock; 28 und 29, Vaclav Volrab/Shutterstock; 30, Steve Byland/123RF; 31 Natalia Kirichenko/Shutterstock.

SEPTEMBER

1, Debbie Orlean/123RF; 2, Alvin Ganesh Balasubramaniam/123RF; 3, Alvaro Puig/123RF; 4, kavram/Shutterstock; 5, Francesco R. Iacomino/Shutterstock; 6 und 7 Martin Lehmann/Shutterstock; 8, Marina Pissarova/123RF; 9, Luisa Puccini/123RF; 10, s_oleg/Shutterstock; 11, Sergey Fesenko/123RF; 12 und 13, Piter HaSon/Shutterstock; 14 und 15, Teeranon Thiradeja/123RF. 16 und 17, Maya Kruchankova/Shutterstock; 18 und 19, Jason Vandehey/Shutterstock; 20, Ashwin Kharidehal Abhirama/123RF; 21, Wong Yu Liang/123RF; 22, Worradirek Muksab/123RF; 23, boonsom/iStockphoto; 24 und 25, Anna Omelchenko/123RF; 26, Megan Lorenz/123RF; 27 und 28, Frederic Prochasson/123RF; 29 und 30, Arztsamui/Shutterstock.

OKTOBER

1, Chepko Danil Vitalevich/Shutterstock; 2 und 3, Dave Allen Photography/Shutterstock; 4 und 5, Albertus Engbers/123RF; 6, Bruce MacQueen/Shutterstock; 7, Olha Afanasieva/Shutterstock; 8 und 9, rognar/iStockphoto; 10, Brandon Seidel/123RF; 11, Eric Isselee/123RF; 12, 13 und 14, marigranula/123RF; 15, Chris Hill/123RF; 16, Narongsak Nagadhana/123RF; 17 und 18, Aliaksei Lasevich/123RF; 19, designpics/123RF; 20 und 21, Dmitry Pichugin/123RF; 22 und 23, Rattanapat Wingpud/123RF; 24, Sukpaiboonwat/Shutterstock; 25, yoshiyayo/123RF, Alessandro Zocchi/123RF; 26, kesipun/Shutterstock; 27, Watthano/Shutterstock; 28 und 29 CraigBurrows/Shutterstock; 30, JoseIgnacioSoto/iStockphoto; 31, szefei/123RF.

NOVEMBER

1, Ilaszlo/Shutterstock; 2 und 3, PaulTessier/iStockphoto; 4 und 5, Marcello Bertinetti; 6, Marcello Bertinetti; 7, Zacarias Pereira da Mata/Shutterstock, Galyna Andrushko/123RF; 8 und 9, Greg Blomberg/123RF; 10 und 11, my-summit/Shutterstock; 12 und 13, Olha Rohulya/123RF; 14 und 15, Kuttelvaserova Stuchelova/Shutterstock; 16 und 17, Marcello Bertinetti; 18, Bule Sky Studio/Shutterstock; 19, Triff/Shutterstock; 20, Dean Fikar/123RF; 21, Noppakun Wiropart/123RF; 22, pastoor/123RF, serg_v/123RF; 23 und 24, Tosporn Preede/123RF; 25 und 26, arturasker/Shutterstock; 27 und 28, Matthew Gibson/123RF; 29 und 30, helgidinson/123RF.

DEZEMBER

1, Triff/Shutterstock; 2 und 3, Mableen/iStockphoto; 4, Vera Kuttelvaserova Stuchelova/123RF; 5, Terric Delayn/Shutterstock; 6 und 7, hadynyah/iStockphoto; 8, yanlev/123RF; 9, lurin/123RF; 10, Dmytro Pylypenko/123RF; 11, KeithSzafranski/iStockphoto; 12, Kjetil Kolbjornsrud/123RF; 13, Marina Pissarova/123RF; 14 und 15, Iakov Filimonov/Shutterstock; 16 und 17, Igor Goncharenko/123RF; 18, Igor Goncharenko/123RF; 19 und 20, Ari Nousiainen/123RF; 21, Creative Travel Projects/Shutterstock; 22, nehru/123RF, StevenRussellSmithPhotos/Shutterstock; 23, Miriam Ebelling/123RF; 24, Miriam Ebelling/123RF; 25, Sergii Telesh/123RF; 26, 27 und 28, Ihar Balaikin/123RF; 29 und 30, Marcello Bertinetti; 31, Sung Kuk Kim/123RF, Adrian Kamola/123RF.

Redaktionelle Leitung
Valeria Manferto De Fabianis

Textzusammenstellung
Gabriele Atripaldi

Grafische Gestaltung
Maria Cucchi

Redaktion
Giorgio Ferrero

WHITE STAR VERLAG

WS White Star Verlag® ist eine
eingetragene Marke von White Star s.r.l.

Piazzale Luigi Cadorna, 6 - 20123 Mailand, Italien
www.whitestar.it

Übersetzung: Dr. Sabine A. Werner
Korrektorat: SAW Communications, Mainz: Marc Niemeyer

ISBN 978-88-6312-347-0
1 2 3 4 5 6 22 21 20 19 18

Gedruckt in Italien von Rotolito - Seggiano di Pioltello (MI)